Marcus C. Leitschuh / Paulus Terwitte
Ute Theisen / Klaus Vellguth (Hg.)

ay!

In Zusammenarbeit mit:

Weltjugendtagsbüro Köln 2005

BDKJ
BUND DER DEUTSCHEN
KATHOLISCHEN JUGEND

DPSG
Deutsche Pfadfinderschaft Sankt Georg

KOLPING
JUGEND

missio

Ordensgemeinschaften aus
Deutschland, Österreich und der Schweiz

Pray!

Das Jugendgebetbuch

Herausgegeben von
Marcus C. Leitschuh, Paulus Terwitte,
Ute Theisen und Klaus Vellguth

Verlag Butzon & Bercker Kevelaer

Mit freundlicher Unterstützung
der Katholischen Fernseharbeit
bei ZDF – RTL – Pro7 / SAT.1
Eine Einrichtung
der Deutschen Bischofskonferenz
www.kirche.tv

Ein herzlicher Dank gebührt Pater Max Cappabianca OP
für seine tatkräftige redaktionelle Mitarbeit.

Bibliografische Information Der Deutschen Bibliothek

Die Deutsche Bibliothek verzeichnet diese Publikation in der Deutschen Nationalbibliografie; detaillierte bibliografische Daten sind im Internet über http://dnb.ddb.de abrufbar.

ISBN 3-7666-0576-3

missio Bestell-Nr. 310 822

DPSG-Bestelladresse: www.ruesthaus.de/buch/religioes

Kolping-Bestelladresse: www.kolping.de

2. Auflage 2004

Umschlaggestaltung: Elisabeth von der Heiden, Geldern
Satz: Schröder Media, Dernbach
Druck und Bindung: Clausen & Bosse, Leck

Inhalt

☞ Mehr zu „Pray!" im Internet:
Unter www.pray-das-buch.de kannst du deine eigenen Gedanken zu den Themen der Gebete veröffentlichen!

Vorwort

Pray! Bete!

Und du öffnest ein Fenster zum Himmel. Schrei in der Not und juble in der Freude.

Dann merkst du plötzlich: Beten ist *die* Überraschung! Du bist nicht allein. Es gibt noch mehr. Gott klopft an. Und der Mensch antwortet.

Beten weitet den Horizont. Genauso wie bei den Heiligen Drei Königen, die sich auf den Weg gemacht hatten:

„Wir sind gekommen, um ihn anzubeten." Ihre Worte sind das Motto des XX. Weltjugendtags 2005 in Köln.

Viele junge Menschen haben zu diesem Motto ihre Gebete eingesandt. Die Texte sind packend, und manche provozieren auch mit ihren Fragen.

Warum auch nicht?!

Fragend beten – betend fragen.
Und in Gott Antworten finden.

Möge das mit **Pray!** gelingen.

__ *Jugendbischof Franz-Josef Bode*

Sehnsucht ist der Anfang des Gebets

Gedanken zum XX. Weltjugendtag 2005

Bleiben wir nicht stehen, wenn unser persönliches Gebet armselig und unsere Worte unbeholfen erscheinen. Gehört es nicht zur tiefen Sehnsucht unserer Seele, Gemeinschaft **mit Gott** zu erfahren? 400 Jahre nach Christus schrieb ein afrikanischer Glaubender, Augustinus: „*Sehnsucht*, die nach Gott ruft, ist bereits Gebet. Willst du unaufhörlich beten, höre nie auf, dich zu sehnen …"

Schlichtheit im Herzen führt ins kontemplative Gebet. Die Einfachheit ist eine **Quelle der** Freude. Mit ihr kann man sich Gott anheim geben, von ihr sich zu ihm hintragen lassen.

In einem solchen Leben **in Gemeinschaft** redet Gott, der unsichtbar bleibt, nicht unbedingt in der Sprache menschlicher Worte zu uns. Er spricht zu uns vor allem durch stille Eingebungen.

Mit der **Stille im** Gebet scheint es nichts auf sich zu haben. Und dennoch, in der Stille kann der Heilige Geist uns fähig machen, die Freude Gottes zu empfangen.

Manchmal ist es mühsam, allein zu beten; vergessen wir nicht, wie schön das gemeinsame Gebet ist. Findet es seinen Ausdruck in einfachen Worten, in Hymnen und Gesängen, so rührt es an den **Grund der** Seele.

__ *Frère Roger, Taizé*

Wir sind gekommen, um ihn anzubeten

[Stichwort : Identität]

Wenn ich aufbrechen will, muss ich wissen, **wo** ich stehe. **Wohin** ich will, **was** ich suche! Und vor allem: **wer** ich bin. Ich muss Fragen nach meiner Identität stellen.

Viele Jugendliche brechen auf zum Weltjugendtag: ein großes Wir-Erlebnis, international, beeindruckend. Sie wollen sich die **Fragen** nicht ausreden lassen und keine vorgefertigten Antworten übernehmen.

Es geht um `mein Leben!` Darum breche ich auf.

Jesus sagt: „Ich bin die Wahrheit" (Johannes 14,6). Er wusste um seine Identität. Er brach auf nach Jerusalem, um uns zu erlösen. Jesus macht uns Mut, uns auf den Weg zu machen und **der Wahrheit auf die Spur** zu kommen!

__ *P. Max Cappabianca,* *Dominikaner*
Katholische Fernseharbeit Frankfurt

Ich bin

Ich bin
Groß
Weißhäutig
Braunhaarig
Ich bin, was ich bin.

Ich bin
Musikalisch
Selbstkritisch
Menschenfreundlich
Ich bin, was ich bin.

Ich bin
Frech
Ruhig
Glücklich
Ich bin, was ich bin.

Ich bin
Geliebt
Beschützt
Aufgehoben
Ich bin, was ich bin.

Ich bin
Schnelllebig
Vielschichtig
Weltmännisch
Ich bin, was ich bin.

Ich bin
Nicht so wie du
Nicht so, wie ich sein soll
Nicht so, wie mich andere gerne hätten
Ich bin, was ich bin.

Ich bin
Von Gott beschützt
Von Gott begleitet
Von Gott geliebt
Ich bin, was ich bin,
und Gott hilft mir dabei.

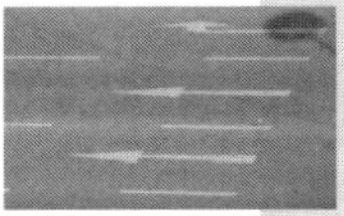

__ *Steffen Müller*

Suche

Ich schmeiß mich aufs Motorrad,
dreh **kräftig** auf,
rase die Straßen entlang,
Krach muss es machen, **Krach**,
damit alle mich hören.
Damit auch du mich hörst,
hey, Gott, hörst du,
verdammt noch mal,
soll ich, soll'n wir hier durchdreh'n?

Da knallt's mich hin,
rammt mich gegen die Wand,
drischt mich zu Boden.
Ich schieße zwischen den Sternen
hindurch.
Hinein ins schwarze Loch.
Krieche auf allen Vieren.

Ich flackere aus fremden Feuern,
bevor sie langsam verlöschen,
schlüpf in mich selbst zurück.

Dann ist der Boden kalt,
die Erde feucht,
Nebel dampft aus meinem Haar.

Ich lasse den Kopf sinken,
lehne die Stirn, die Wange, das Ohr
ich weiß nicht woran.
Taste mit wunden Fingern
ich weiß nicht wohin …

Hier bin ich, leise, von irgendwoher, hier.

__ *Ralph Roger Glöckler*

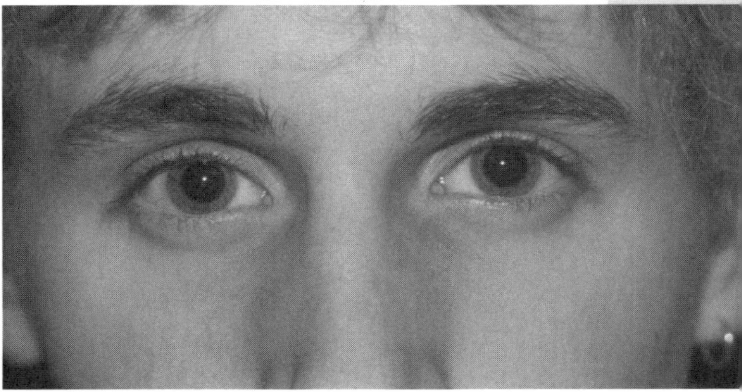

Fragen, so viele Fragen

Vater, ich habe so viele Fragen.
Woher komme ich, warum bin ich hier, was soll ich hier auf Erden, was ist mein Ziel?
Es dreht sich alles um mich, ich finde keinen Halt und keine Antworten.
Vater, wo bist du? Vater, ich brauche dich doch.
Schenke mir ein Licht der Hoffnung und Wärme in meinem Herzen, damit ich auch bei einem noch so großen Sturm die Bucht nicht verliere und meinen Hafen in deinen Armen finde. **Du schenkst Ruhe** und Geborgenheit.
Sende mir deinen Heiligen Geist, damit ich Antworten auf die Fragen finde. Schenke mir das **Vertrauen**, in dir geborgen zu sein, schenk mir die **Kraft**, immer wieder nach dir zu suchen. Lass mich Menschen finden, die mir Wegbegleiter, aber auch Stützen sind ... Jesus, lass mich erspüren, was mich bewegt!

__ Stephanie Reißfelder

Wer bin ich?

Wer bin ich?
Gott, weißt du es?
Ich weiß es nicht.

Du musst es wissen.
Du hast mich geschaffen.
Nicht zufällig,
sondern
nach deinem Bild.

Halte mir den Spiegel vor,
damit ich erkenne
dich und mich.

_ *Annabel Eisele*

Herr, das Leben ist wie eine Berg- und Talfahrt. Meine Launen wechseln wie der Wind. Mach mich mit deinem Geist beständig und stark.

SMS Prayer

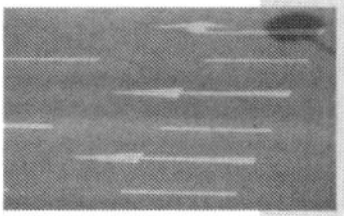

Ziele

Hof*fest*
Wein*fest*
Herbst*fest*
Straßen*fest*
Brunnen*fest*
Wer soll da noch Lust haben auf **Feiern** –
mit Gott?

Pizza
Bratwurst
Hamburger
Früchteeisbecher
Wiener Schnitzel
Wer soll da noch **Hunger** haben –
nach Gott?

Bier
Sekt
Wein
Bowle
Orangensaft
Wer soll da noch **Durst** haben –
nach Gott?

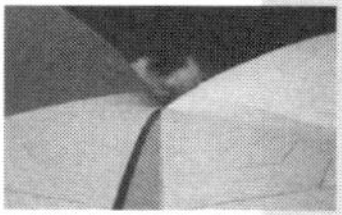

Karibik
Mallorca
Thailand
Costa Brava
Dominikanische Republik
Wer soll sich da noch **auf die Reise** machen –
zu Gott?

__ *Fredi Bernatz*

Herr, ich habe heute Laune zum Bäumepflanzen. Ich könnte die ganze Welt umarmen und dir, dem Schöpfer, einen großen Lobgesang anstimmen.

SMS Prayer

Nicht nur im Himmel

Gott im Himmel,
wir glauben an dich,
wir sind *jung* und
stecken voll *Hoffnung*,
wir haben *Sehnsucht* nach dir.
Gott, unser Vater,
deswegen **wohnst** du nicht
nur im Himmel,
sondern auch **in unseren Herzen**.

Stärke unseren Glauben,
damit eine friedvolle Welt
entstehen kann,
in der Völker aller Länder
und Hautfarben
in **Frieden** leben können.

__ *Frank Nguyen*

Neu beginnen

Lieber Gott, es ist nicht selbstverständlich,
dass ich da bin.
Ich möchte dir dafür danken.

Segne meine Eltern, die für mich sorgen.
Auch ich will bemüht sein, in all meinem Tun,
ob in der Schule oder Freizeit,
die Aufgaben, die du **mir anvertraut** hast,
zu deiner Ehre zu erfüllen.
Verzeih mir, wenn das nicht immer so klappt ...

Ich will täglich neu beginnen,
und ich bitte dich,
hilf mir dabei!

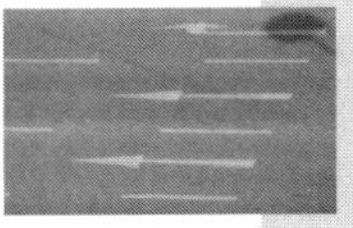

__ *Susanne Elsterkamp*

Sehnsucht

Ist das mein Leben?

Aufstehen – Straßenbahn – verschlafene Gesichter – langweiliger Unterricht – Klassenarbeiten – Vierer – Tadel – kaum ein Lob – Hausaufgaben – Fernsehen – Disko – Schlafen – Aufstehen – und alles fängt von vorne an.

Ist das ein Leben? – Mein Leben?
Ich habe es mir anders vorgestellt, besser!

Vor einer Woche kam Silvia in unsere Klasse. Die ist so ganz anders. Sie hört im Unterricht zu, beteiligt sich, zeigt Interesse. Und dabei ist sie eigentlich ganz normal. Vor ein paar Tagen erzählte sie, dass sie an Gott glaube. Eine Freundin hat gesehen, als sie sonntags zur Kirche ging. Ist sie deshalb so anders? Bis jetzt ist sie immer froh und freundlich, kameradschaftlich.

Ich habe den Eindruck, dass sie ihr Leben in der Hand hat, dass sie ihr Leben wirklich lebt, dass sie ein Geheimnis hat, etwas, das sie glücklich macht.

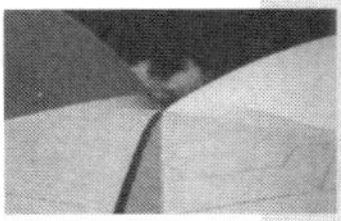

GOTT – bist DU ihr Geheimnis? Gibst du ihr die innere Freude? Machst du ihr Leben so reich? Wenn das so ist, dann lass mich dich auch entdecken, denn **mein Leben ist kein Leben**.

__ *Rosemarie*

Heiliger Geist, stelle mein Leben auf den Kopf. Aus Angst soll Mut, aus Traurigkeit Freude, aus Dunkelheit Licht, aus Enge Weite und aus Hass soll Liebe werden.

SMS Prayer

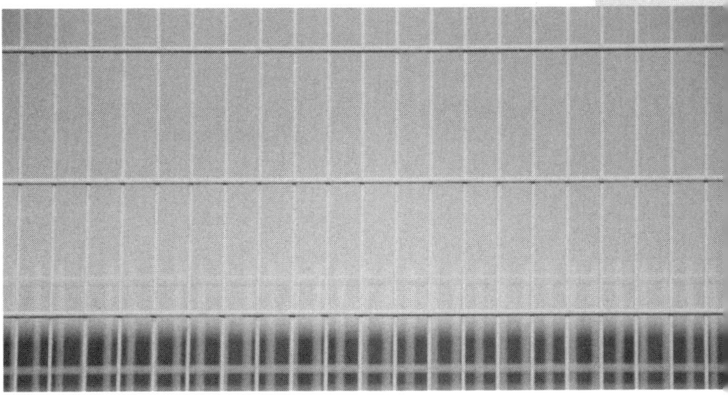

Ein bisschen wie wir

Dass wir unterwegs sein wollen
und nicht stehen bleiben können,
dass wir nicht zufrieden sind mit dem,
was ist und was wir erreicht haben,
dass wir unser Leben immer neu probieren,
dass wir neugierig bleiben und Zweifel hegen,
das alles macht es nicht gerade einfacher.

Dass wir uns aber auf dich verlassen können,
dass wir in dir, Jesus, einen kennen,
der auch den schwierigen Weg wählte,
der sich auch nicht da bewegte,
wo alle gehen,
der auch zweifelte,
der sich nichts hat sagen lassen
und der doch ein bisschen so war,
wie wir sein wollen,
das gibt uns immer wieder Mut.

__ Andreas Wanzke

ich weiß nicht, wer ich bin

gott, wer bin ich?
ich weiß nicht, wer ich bin
ich werde erwachsen
und bin doch noch kind
sagen meine eltern
andere sagen, ich sei dein kind.

gott, wer bin ich?
ich bin mir oft fremd
dann wieder ganz vertraut
suche nach mir,
nach dem totalen leben.

gott, wer bin ich?
wie ist deine antwort?
ich warte und hoffe.
ich.

__ karl h. köster_

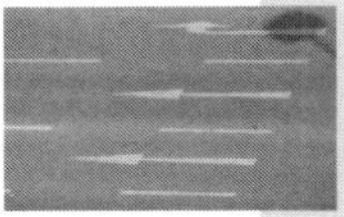

Ein bisschen besser

Guter Gott,
du hast uns in diese **Welt** gestellt,
damit wir sie ein bisschen **besser** verlassen,
als wir sie vorgefunden haben.

Aber wir werden schnell mutlos.
Jugendliche finden keinen
Ausbildungsplatz.
Menschen leben in bitterster Armut.
Kriege erschüttern den Frieden.
Deine Schöpfung wird zerstört.

Diese Welt ein bisschen besser zu verlassen,
als wir sie vorgefunden haben,
das fordert unser ganzes **Engagement**.

Lass uns allzeit bereit sein,
für eine bessere Welt zu kämpfen.
Sei bei uns und schenke uns Kraft
und Zuversicht.

__ *Dagmar Ender*

Ich glaube

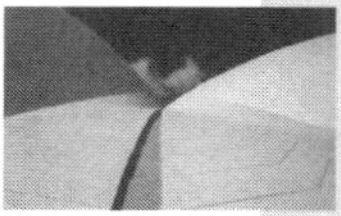

Glaube ich, was zu glauben ist?
Vertraue ich, wem zu vertrauen ist?
Weiß ich, was zu wissen ist?
Wissen? Vertrauen? Glauben?
Glauben! Vertrauen! Wissen!

Was weiß ich?
Wem vertraue ich?
Was glaube ich?
Wissen? Vertrauen? Glauben?
Glauben! Vertrauen! Wissen!

Glaube ich an den, der Böses zulässt?
Vertraue ich dem, der Böses zulässt?
Weiß ich, dass er dies zulässt?
Glauben bedeutet Vertrauen!
Ich glaube, im Vertrauen das Richtige zu wissen.

_ *Heinrich Mainka*

Stell dir vor . . .

Stell dir vor, es ist wahr, was wir glauben, und es gibt ihn, Gott, und er ist da und *lebt und liebt.*

Stell dir vor, es ist wahr, was sie sagen, und er schaut nicht nur zu, sondern mischt sich ein, ist voll dabei, mittendrin, du siehst ihn nicht, und doch ist er mittendrin.

Stell dir vor, es ist sein Lachen, das dir da aus dem Gesicht des Fremden entgegenblickt.

Stell dir vor, was würdest du tun, wenn er dich mit den Augen von dem anschauen würde, den du gerade vor allen lächerlich gemacht hast, und aus seinen Augen würde er dich anschauen, Gott.

Und was, wenn er es ist, den du spürst, wenn du Spaß hast mit deinen Freunden, wenn du lachst und singst.

Und was, wenn du dich immer auf ihn verlassen könntest, nie Angst haben müsstest, dass er dich reinlegt oder nur benutzt, dass er mit dir nur spielt oder dich fertig machen will.

Und was würdest du sagen, wenn er schon neben dir stehen würde, Gott, jetzt gerade, neben dir.

Stell dir vor, einer, dem es nie einfallen würde, dich vor eine Wand laufen zu lassen, einer, der dich lieben würde und immer für dich da wäre, stell dir vor, er ginge an deiner Seite. Immer.
Stell dir doch das einmal vor.

Würdest du dein Leben ändern?

__ Thomas Schmaus

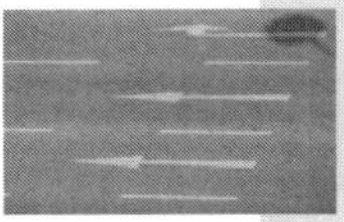

Faschingsfreuden

Gott, ich wollte wie meine Freundinnen sein und so ging ich auch auf den Faschingsball – verkleidet, mit *Maske* – und stürzte mich in das Abenteuer – hier ein Küsschen, dort ein Streicheln, Bar, Alkohol und viele Worte, schmeichelnde, hohle, nichtssagende Worte. Früh am Morgen saß ich dann in meinem Zimmer, leer, unsagbar leer.

Dem Weinen nahe begann ich, mit dir zu sprechen. Dir erzählte ich, was mein Herz beschwerte, und du hörtest zu. Ich fühlte einfach, dass du mir nahe warst, dass du mich verstandest. Du hast mich erfahren lassen, dass das Sprechen mit dir die Leere in mir durch **Frieden und Geborgenheit** ersetzte.

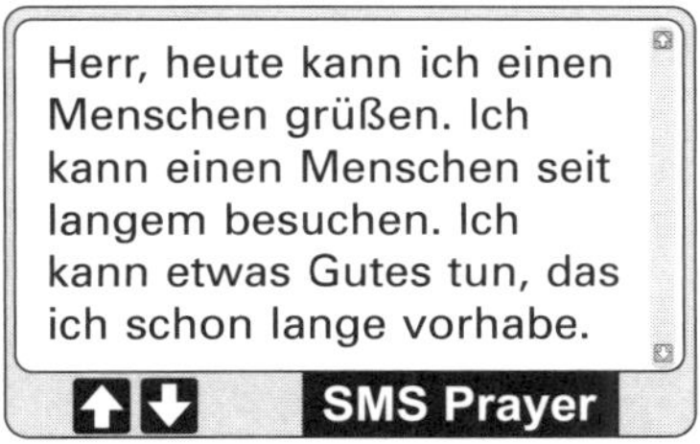

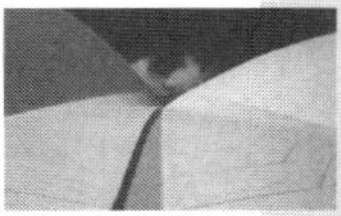

Jene Nacht war dein Aufruf an mich:
Was willst du aus deinem Leben machen?

Herr, ich bitte dich, hilf mir leben –
echt, tief, wahr, erfüllt, frei, frei! – Mit dir!
Denn du bist Freiheit,
du bist und schenkst wahres Leben.
Danke, Gott!

__ *Lisbeth*

Wie ein Baum

Herr,
wie ein Baum
stehe ich **vor dir.**

Von deinem Licht angestrahlt
entwickelt sich **in mir ein Feuer.**
Dieses Feuer weiterzugeben
ist meine Berufung.
Du hast mich gerufen,
für andere zu brennen
und dich im anderen zu sehen.

Herr,
wie ein Baum
stehe ich in deinem Licht,
angestrahlt und durchleuchtet
von deiner Liebe.

__ *Stefanie Glocke*

Leer

Vollkommen leer
und doch voller Eindrücke.

Ausgebrannt
und doch neugierig auf alles,
was kommen mag.

Nicht mehr können
und doch noch einmal alles geben.

Keine Lust mehr haben
und doch brennen aufs Neue.

Nicht mehr weiterwollen
und doch den nächsten Schritt verlangen.

Voller Termine
und doch Zeit für dich finden.

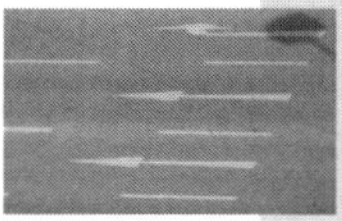

__ *Teresa Krauth*

Hilf mir

Vater,
lass mich wachsen wie eine Pflanze:
meine **Wurzeln** in die Erde **schlagen**,
die **Sonne spüren**, die von oben scheint,
das Herz voll Freude über jeden neuen Tag,
der mich **wachsen und blühen** lässt.

Lass mich den Raum nutzen, den du mir gibst,
die Wolken nicht fürchten, die vorüberziehen,
den *Regen* genießen, der **Klarheit** bringt.

Und wenn es *dunkel* wird,
weiß ich, du bist bei mir,
gibst mir festen Stand auf der Erde
und **Halt** wie niemand sonst.

Hilf mir, zu **stehen** wie ein Baum
und jedem *Windstoß* zu trotzen,
der mir ins Gesicht fährt.

Du liebst mich,
so wie ich bin.
Hilf mir zu sein,
wer ich bin.
Mein Vater,
lass mich sein
wie eine Pflanze …

__ *Martina Weber*

Vater, schlechte Laune ist wie eine feste Fessel. Befreie mich, erlöse mich und bewahre die Menschheit vor mir in diesem Zustand.

SMS Prayer

Frieden, wach auf!

Mein Gott,
warum überwiegt der *Zweifel*
so oft die **Hoffnung**?
Warum nimmt die *Hilflosigkeit*
so oft den Platz von **Mut** ein?
Warum taucht so oft *Enttäuschung* auf,
während die **Freude** schläft?
Warum herrscht so oft *Verzweiflung*,
wenn **Gewissheit** triumphieren sollte?

Ich verstehe nicht.
Weder mich noch dich.
Suche nach etwas, das mir verborgen ist.
Greife nach etwas in der Ferne.
Verliere mich im Strudel des Alltags.
Möchte endlich entkommen
und dem **Frieden** Raum geben.
Wach auf!

__ *Rebekka Plüss*

Wir sind gekommen, um ihn anzubeten

[Stichwort : Unterwegs zu Gott]

„Geht in alle Welt!", hat Jesus gesagt und nicht: „Bleibt sitzen und lasst Gott einen guten Mann sein!" Wenn ich irgendwo ankommen will, muss ich aufstehen und mich **auf den Weg machen**. Ich muss mich aus den großen Ohrensesseln meines Lebens aufraffen, auch wenn es noch so gemütlich ist, einfach nichts zu tun.
Ich wünsche mir, dass wir als Christen **gemeinsam** losgehen und die Trägheit des Alltags hinter uns lassen. Jeder von uns wird schon erfahren haben: Erst wenn ich unterwegs bin, wird's spannend im Leben. Ich treffe viele Menschen. Manchmal begegne ich mir selbst mit all meinen Problemen. Aber gerade wenn ich unsicher bin, darf ich mir der Begleitung Gottes gewiss sein!

__ *Pfarrer Dietmar Heeg*
Katholische Fernseharbeit Frankfurt

100tausende

Guter Vater,

es werden wieder **100**tausende sein,
die kommen werden.
100tausende Jugendliche aus aller Welt,
die feiern, beten und aufeinander zugehen.

100tausende Mädchen und Jungen,
junge Frauen und Männer,

die auf der Suche nach etwas Dauerhaftem sind,
das kein flüchtiger, aktueller Trend bieten kann,

die etwas spüren möchten,
das nur in der Gemeinschaft vieler spürbar ist,

die sich klare Konturen zu sehen wünschen,
die im Alltag oft verwischt werden,

die sich Worte zu hören ersehnen,
die nicht vergehen wie Zwischenrufe und
beiläufige Kommentare.

100tausende,
die sich begegnen wollen,
um dir zu begegnen.

die kommen,
um deinen Segen zu empfangen,

die kommen,
um deinen Frieden zu erbitten,

die kommen,
um deine Liebe zu erfahren.

100tausende,
die kommen,
um dich anzubeten.

__ *Stefan Sachnik*

Fernweh - Heimweh

In die Ferne gerufen, hinaus in die Welt.
Angekommen – in den Dienst für Gott gestellt?
Angekommen – das Gepäck **voll Fragen**.
Was bedeutet, ein Leben mit dir zu wagen?

Dem heiligen Geheimnis auf der Spur.
Weiß ich es oder glaub ich es nur?

Viel erlebt und viel passiert.
Manchmal für das Wort geniert?
Zweifel kommen, doch dich spüren.
Worte hören, die **mein Herz** berühren.

Aufgebrochen – ohne Ziel.
Angekommen – das ist viel.
Angekommen – ganz in dir.

__ *Andrea Ritter*

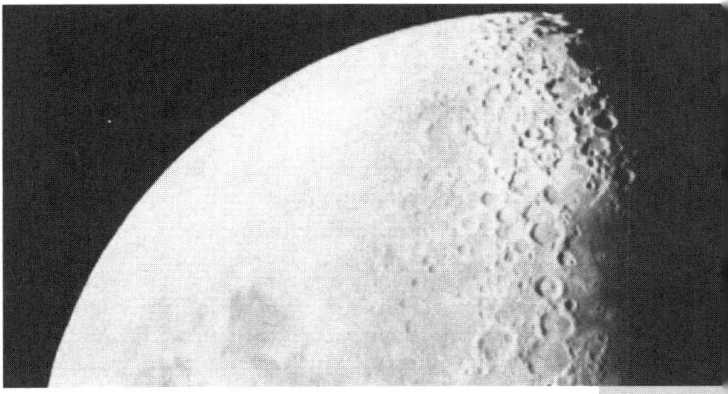

Wohin mein Weg führt

Herr, oft weiß ich nicht,
wohin mein Weg führt.
Oft frage ich mich,
wie die Zukunft wohl aussieht.
Viel zu oft verliere ich
mein Ziel aus den Augen.
Herr, gib mir den Mut,
Entscheidungen zu treffen
und für sie einzustehen.
Hilf mir,
den richtigen Weg zu finden,
und steh mir immer bei.

_ *Yvonne Knowles-Wilkinson*

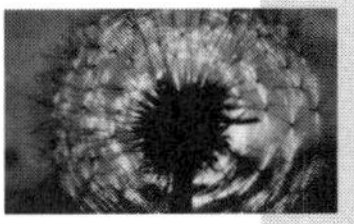

Auf dem Weg nach Betlehem, Köln oder anderswo . . .

In welchen Spuren gehe ich,
welchen Sternen folge ich?

Habe ich einen Leit**stern** für mein Leben, gibt es eine Maxime für mein Handeln? Oder folge ich der Masse, trotte meinen Freundinnen oder Freunden hinterher, kopiere meine Eltern?
Ist mein Idol ein „*Stern*chen" aus dem Musikhimmel oder der Filmwelt?

Die Weisen aus dem Morgenland entdeckten den Wegweiser ihres Lebens. Der **Stern**, der sie führte, gab ein Ziel an: das Kind in der Krippe, Jesus Christus.
Und **kein Weg war zu weit**, keine Strecke zu beschwerlich, um diesem Stern zu folgen.

Nicht Jerusalem, Zentrum der Macht,
war ihr Ziel:
Ihre Zukunft war ein Stall in Betlehem
und das kleine Kind in der Krippe:
der **Messias**, der Heiland der Welt.
Als sie das verstanden hatten, waren sie am Ziel.
Da knieten sie nieder und beteten ihn an.

Die scheinbar **Großen** machten sich klein vor dem scheinbar Kleinen. Das Geschehen von Weihnachten stellt die Welt auf den Kopf: **Kleines** wird groß, Großes wird klein. Ist das die Logik Gottes?
Aber finde ich mich hier wieder im „Kleinmachen" und „Anbeten"? Bin ich nicht lieber **stark und mächtig** und lasse mich anhimmeln? Vor wem werde ich bescheiden, kann ich „ich selber" sein?
Vor Gott brauche ich mich nicht zu verstellen.
Wenn ich seine „wahre **Größe**" erkenne, kann ich sein, wer ich bin, seiner Logik darf ich folgen.

Vielleicht kann man dann auch von mir sagen:
Er kniete nieder und betete an.

Von den drei Weisen wird berichtet, dass sie nach der Begegnung mit dem Jesuskind auf einem anderen Weg heimkehrten – übertragen bedeutet dies Umkehr, sie kehrten verwandelt heim.

Kann mich die Begegnung mit Jesus verändern oder falle ich in den „alten Trott" zurück? Lasse ich mich so von Gott ergreifen, dass ich **neue Wege** einschlagen kann? Gemeinsam mit anderen Menschen auf dem Weg des Glaubens, der Hoffnung und der Liebe? Das wäre ein lohnender Weg, der Zukunft verspricht.

__ Peter Jansen

Unterwegs

Unterwegs in Gewohnheiten des Lebens.
Man weiß, was war.
Man weiß, was ist.
Unterwegs in Gewohnheiten des Miteinanders.
Man weiß, was man erwarten kann.
Man weiß, was erwartet wird.
Unterwegs in Gewohnheiten des Glaubens.
Man weiß, was man glaubt.
Man weiß, was wer glaubt.
Unterwegs in Gewohnheiten – *bis du kommst.*
Bis du aufforderst, dir zu folgen.
Bis du aufforderst, ungewohnt zu leben.
Danke, dass du mein Leben
ungewöhnlich machst!

__ Christoph Scheppe

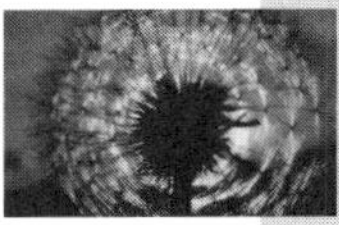

Aufbruch zum Weltjugendtag 2005

Voll Erwartung und Freude sehen wir dem Weltjugendtag im August 2005 in Köln entgegen. Zu diesem großen Ereignis werden viele Jugendliche aus der ganzen Welt nach Deutschland kommen.

Jesus Christus,
als deutsche Jugendliche fühlen wir uns besonders
verantwortlich, diesen Weltjugendtag mitzutragen
und mitzugestalten.
Gib uns ein offenes Herz,
damit wir die Organisation und die Anliegen der Verantwortlichen in unser Gebet einschließen.
Gib uns ein offenes Herz,
damit unsere Gäste sich bei uns wohl fühlen.
Gib uns ein offenes Herz,
damit sich die Hoffnung des Heiligen Vaters erfüllt und wir die Heiligen des neuen Jahrtausends werden.

Großer Gott, du hast mich bewusst in dieses Leben gerufen. Deine Liebe umgibt mich wie ein Mantel. Deine Güte trägt mich durch die Zeit meines Lebens.

SMS Prayer

Gottesmutter,
du bist uns nah.
Wir legen den Weltjugendtag in deine Hände.
Sorge dafür, dass jeder Jugendliche auf dem Weltjugendtag *Christus begegnen* kann und voll Begeisterung für Christus, voll Freude am Glauben und voll Kraft für den Alltag zurückkehrt.

__ *Schönstatt-Mädchenjugend*

Alle Wege führen zu dir

Lieber Gott,
du bist bei uns und beschützt uns.
Egal, von wo wir kommen:
Nordamerika,
Südamerika,
Afrika,
Asien,
Australien,
Europa.
Alle Wege führen zu dir!
Wir haben uns auf den Weg gemacht,
um deine Nähe zu spüren.
Beschütze uns auf unseren Wegen,
damit wir unser Ziel gesund und
sicher erreichen.

Lieber Gott,
wir erleben dich
in den Bäumen, Pflanzen, Steinen, Tieren
und in unseren Mitmenschen.
Überall bist du zu spüren.

Besonders in der **Gemeinschaft** der Jugendlichen beim Weltjugendtreffen ist deine Nähe zu spüren.
Alle sind wir angenommen von dir.
Schenk uns die Kraft, auch dann an dich zu glauben, wenn es uns einmal nicht so gut geht.
Es ist schön, dass du immer für uns da bist.
Danke!
Amen.

__ *Malteser-Jugend Elsdorf*

Herr, heute will ich in deinen Spuren gehen, ausprobieren, wie man darin geht. Liebevoll und voll Frieden, rücksichtsvoll und dankbar.

SMS Prayer

Ziel

Jetzt ist es soweit.
Ich habe mich auf den Weg gemacht.
Das Ziel heißt Köln.

Eigentlich **weiß ich nichts**
über mein Ziel.
Eigentlich **weiß ich nichts**
über den Weg dorthin.
Eigentlich **weiß ich nichts**
über mich.

Ich weiß nicht,
ob ich das Ziel erreichen werde.
Ich weiß nicht,
ob ich den Weg dorthin schaffe.
Ich weiß nicht,
ob ich mich kennen lernen werde.

Aber **ich weiß,** dass ich nicht allein gehe.

Die Menschen an meiner Seite
werden mit mir das Ziel suchen.
Die Menschen an meiner Seite
werden mir auf meinem Weg helfen.
Die Menschen an meiner Seite
werden mir helfen, mich selbst zu finden.

Weil du in ihnen lebst.

__ *Michael Ganster*

Mein Geländer

Herr, du bist mein Geländer,
an dem ich mich festhalten kann,
wenn der Weg des Lebens steil und steinig wird.
Herr, du bist mein Geländer,
das mich vor dem Abgrund schützt,
wenn es im Beruf drunter und drüber geht.
Herr, du bist mein Geländer,
das mir die Richtung weist,
wenn die Wege in Freundschaft und Beziehung
verworren und unklar sind.

Herr, ich danke dir dafür,
dass du mein Geländer bist –
und nicht mein Käfig.

__ Tom Molter

Achtung – fertig – los

Die Jugend von heute, hört man immer wieder,
ist lustlos, respektlos, orientierungslos.
Mit der Jugend von heute ist nichts los.
Arbeitslos, beziehungslos, mutlos,
perspektivenlos, gottlos.

Die Jugend von heute ist
vorbildlos und erziehungslos.
„Los" ist eigentlich ein Startsignal,
etwas geht **los**, etwas beginnt, etwas fängt an.
Achtung, fertig, **los!**

Lasst uns heute ein **Start**signal setzen,
um mutige Begleiter und Begleiterinnen
für unsere Jugendlichen zu werden.
Herr, schenke uns Zeit, Geduld und Kreativität.

Lass uns greifbare echte Vorbilder werden,
an denen man sich reiben kann.
Lass uns so zum Mitgestalter einer Welt werden,
die Perspektiven und Zukunft eröffnet.
Achtung – fertig – **los!**

__ *Dagmar Ender*

Gott sende dir gute Freundinnen und Freunde, Menschen, die zu dir halten und zu dir stehen. Gott sende dir einen guten Engel auf allen deinen Wegen.

SMS Prayer

Menschen auf diesem Weg

Wie viele Menschen
sind diesen Weg vor mir gegangen?
Wie viele Menschen
haben den Sonnenuntergang
von diesem Hügel aus betrachtet?
Wie viele Menschen
haben Rast im Schatten dieses Baumes gemacht?
Wie viele Menschen
sind an dieser Wegkreuzung stehen geblieben?
Wie viele Menschen
haben an diesem Berg fast aufgegeben?
Wie viele Menschen
suchen sich selbst?
Wie viele Menschen
suchen dich?
Keine Antwort auf all diese Fragen.
Aber ich habe das Gefühl, auf diesem Weg mit ihnen verbunden zu sein. Das treibt mich voran, dem Ziel entgegen.

__ *Michael Ganster*

Du bist mein Herr

Du bist mein Herr.
Du bist mein
Du bist
Du
Du bist
Du bist mein
Du bist mein Herr.
Herr, lehre mich beten.
Herr, lehre mich
Herr, lehre
Herr
Herr, lehre
Herr, lehre mich
Herr, lehre mich beten.
Kommt, lasst uns anbeten.
Kommt, lasst uns
Kommt, lasst
Kommt
Kommt, lasst
Kommt, lasst uns
Kommt, lasst uns anbeten.

_ *Markus Schmidt*

Lass mich nicht unberührt zurück

Ich **sehne mich** nach deiner Nähe
und *fliehe* doch davor.
Ich möchte so gern **gefunden** werden
und *verstecke mich* doch vor dir.
Ich möchte dir **vertrauen** können
und verlass mich doch nur *auf mich*.

So schwanke ich **hin** und *her*,
Entschiedenheit fällt schwer.
Doch manchmal, unberechenbar,
spür ich dich hautnah,
weiß ich plötzlich: **Du bist da!**
Intensiv, doch schnell vorbei,
nicht zu fassen dieses Glück.

Gott, ich bitte dich:
Lass mich nicht unberührt zurück.
Ich komme nicht an dir vorbei,
doch *weich ich dir ständig aus.*

**Such mich und finde mich
und lass mich nicht unberührt zurück.**

__ Frank Reintgen

Gott lehre dich
zu gehen, ohne zu fallen,
zu stehen, ohne zu wanken,
zu spielen, ohne zu mogeln,
und in allem das Gute zu
suchen und zu finden.

SMS Prayer

Besuch bei einem alten Star

Er ist *betagt*,
an ihm ist fast nichts modern,
Gäste bekommen hier nichts zu trinken,
kein Food,
kein Fun,
nichts dergleichen.

Aber stets ist er
das **meistbesuchte** Gebäude der Welt:
der Kölner Dom.

Ein Gastgeber und eine Baustelle.
Seit Jahrhunderten schon.
Noch heute täglich *ergänzt* und repariert.
Teuer im Unterhalt.
Mit einer eigenen Truppe an Bauleuten,
12 Monate im Jahr
auf ihm, unter und in ihm unterwegs,
um nur das Notwendigste zu erhalten.

Ein Haus für die Seele.

So steht er da.
Birgt – so die Legende –
die Körper der drei Weisen,
die kamen,
um das **Kind** in der Krippe zu ehren.

Über ihrem Grab,
dem kostbaren Schrein,
hoch im Himmel,
ein goldener Stern.
Zielpunkt der Reise.
Nun kommen Jugendliche
aus aller Welt an den Rhein.
Sie sehen deinen Stern –
und folgen ihm.

__ *Peter Hahnen*

Heiliger Geist, zeige mir gute Wege zu meinen Freundinnen und Freunden, zu den Verlassenen und Einsamen, zu den Notleidenden, zeige mir einen guten Weg zu mir und zu dir!

SMS Prayer

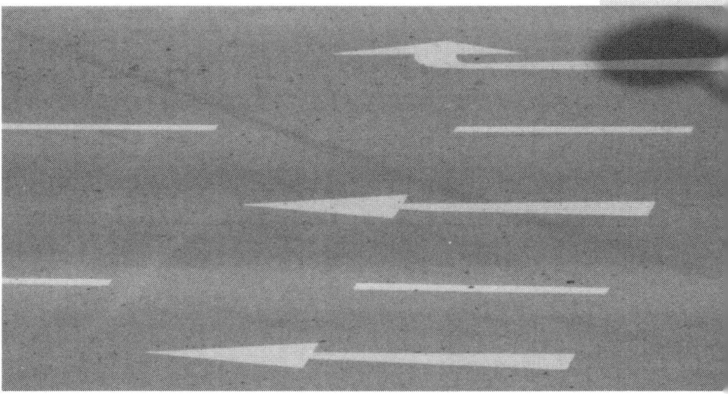

Anbetung

Wir sind gekommen,
um ihn anzubeten.
Das Kreuz ist das große Plus
in meinem Leben.

Jesus, der Glaube an dich trägt mich,
wenn ich mich alleine und ungeliebt fühle,
wenn ich kein Vertrauen zu mir habe,
wenn ich auf der Suche nach mir selbst bin,
wenn ich nicht mehr weiterweiß.

Wir sind gekommen,
um ihn anzubeten.
Das Kreuz ist das große Plus
in meinem Leben.

Jesus, der Glaube an dich macht mich stark,
keine Angst zu haben,
mich selbst zu entdecken,
meinen Weg zu gehen,
neu aufzubrechen.

Wir sind gekommen,
um ihn anzubeten.
Das Kreuz ist das große Plus
in meinem Leben.

Jesus, der Glaube an dich schenkt mir Mut,
gegen den Strom zu schwimmen,
mir selbst treu zu sein,
dir nachzufolgen,
deine Liebe weiterzuschenken.

Das Kreuz ist das große Plus
in meinem Leben.
Wir sind gekommen,
um ihn anzubeten!

__ *Nathalie Braun*

Gott geht mit

Gott, du gehst mit.
Gehen aber, mein Gott, müssen wir selbst.

Wenn wir unseren Weg suchen aus der unendlichen Zahl der Wege, uns umhertasten im Labyrinth des Lebens, gibst du Orientierung.
Du bist uns Wegweiser und Plan, Richtschnur und Ziel.

Gott, du gehst mit.
Gehen aber, mein Gott, müssen wir selbst.

Wenn die Kräfte schwinden, wenn Müdigkeit uns befällt, wenn Hunger und Durst uns quälen,
gibst du uns Kraft und neuen Schwung, Stärkung und Erfrischung.

Gott, du gehst mit.
Gehen aber, mein Gott, müssen wir selbst.

Wenn Mutlosigkeit uns packt,
wenn die Zweifel kommen,
wenn sich Enttäuschung breit macht,
gibst du uns Vertrauen und Zuversicht.

Gott, du gehst mit.
Gehen aber, mein Gott, müssen wir selbst.

Wenn der Weg schmal wird,
wenn er ins Dunkel führt,
wenn er uns an Abgründe bringt,
gibst du uns Halt und Schutz.

Gott, du gehst mit.
Gehen aber, mein Gott, müssen wir selbst.

Wenn wir stolpern und fallen, wenn wir uns verletzen und uns Schmerz erfüllt, gibst du uns Trost und Heilung. Dann hilfst du uns auf, damit wir weitergehen können.

Gott, du gehst mit.
Gehen aber, mein Gott, müssen wir selbst.

Wenn wir am Ende der Kräfte sind,
nicht mehr weiterkönnen
und nichts mehr hilft,
dann, mein Gott,
gehst du **nicht nur mit,**
sondern
du nimmst uns in die Arme,
hebst uns auf,
trägst uns
ein Stück des Weges,
wenn nötig
bis zum Ziel.

__ *Fredi Bernatz*

Wir sind gekommen, um **ihn** anzubeten

[Stichwort : Jesus Christus]

Der Stern steht über einem armen Kind:
Gott **glänzt** mit `Einfachheit`.
Der jugendliche Jesus lebt als Handwerker. Er ist selbstbewusst. Gott versorgt ihn mit Weisheit und Unterscheidungskraft – und zwar jeden Tag neu und dazu noch gratis (Lukas 2,40).

Wer zu *Jesus* findet, hat einen Freund, der mit Liebe bis ins Herz sieht. Das **schärft den eigenen Blick**. Ich kann sehen, was vor Gott zählt. Und in seinem Sinn handeln. Vergleiche dazu Markus 12,43: Die arme Witwe hat mit ihren Cent mehr Geld in den Opferkasten gegeben als alle anderen. Diese Frau hat nämlich **von Herzen** gegeben.

__ *Bruder Paulus Terwitte,* Kapuziner
Moderator SAT.1 und N24

Du Mensch gewordener Gott

Wir sind nicht so weise wie die Heiligen Drei Könige, und doch sind wir *gekommen, um dich anzubeten,* weil du es bist, der unsere Welt in den Händen hält. Erfülle uns mit dem Geist der Weisheit und der Liebe.

Es ist heute schwer, den **Stern zu finden**, der uns zu dir führt, und doch erleben wir, dass deine Gegenwart unter uns Menschen immer wieder aufblitzt und uns die Richtung weist.

Begleite uns auf unserem Weg durch die Zeit. Viele Menschen streben nur nach Materiellem: Geld, Kleidung, Besitz, und doch spüren wir, dass wir in einem viel tieferen Sinn **reich** werden, wenn du zum Mittelpunkt unseres Lebens wirst.
Du Mensch gewordener Gott, schenke uns **erfülltes**, nicht endendes Leben.

__ Frank Reintgen

Für dich

Für dich, mein Gott,
will ich auf deinen Spuren gehen,
nach deinen Weisungen handeln,
an deinem Haus bauen.

Für die Welt, mein Gott,
will ich auf deinen Spuren gehen,
sehen, was sie braucht,
tun, was ihre Not lindert.

Für dich, mein Gott, *und für die Welt*
will ich auf deinen Spuren gehen,
dir nahe,
dem Nächsten ein Nächster.

__ Fredi Bernatz

Ohne Gott?

Ein Atemzug ohne Gott – pulserhöhend
Ein Tag ohne Gott – Atemnot
Ein Jahr ohne Gott – lebensgefährlich
Ein Leben ohne Gott – ewig tot

Danke, Herr,
    dass ich dich kenne.
Danke, Herr,
    dass du mich liebst.
Danke, Herr,
    dass du vergibst.
Danke, Herr,
    ich lebe ewig.

__ *Rahel Eggenberger*

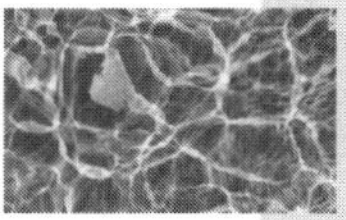

Ihn

Gibt es dich?
Ich weiß es nicht.
Ich spüre etwas.
Doch bist es du?
Oder ist es doch nur ein Traum?

Ich fühle etwas, ganz tief in mir.
Bist du hier?
Ich brauche dich.
Beschützt du mich?
Bist du bei mir?

Ich habe Angst, dass ich allein bin.
Ich habe Angst, dass ich falsch handele.
Ich habe Angst, dass ich den falschen Weg gehe.

Ich habe so viele Fragen.
Wer beantwortet sie?
Gibt es dich wirklich?

Und doch:
Tief im Herzen weiß ich:
Ich glaube an dich!
Ich spüre *dich*.
Du bist in mir.
Du bist bei mir.
Du zeigst mir den richtigen Weg.

__ *Christine Maurer*

Jesus, heute möchte ich jemanden neu entdecken, jemandem eine Freude bereiten, mal wieder etwas von mir hören lassen und mit dir neu aufstehen.

SMS Prayer

Herr, warum zeigst du dich mir nie?

Warum zeigst du dich mir nie?
Ich sehe dich nicht,
weiß nie, wo du bist.
Und doch glaube ich,
du bist da, *irgendwo*.
Doch *wo* ist dieses *irgendwo*?
In der Kirche, im Himmel, bei mir zu Hause?
Warum versteckst du dich vor mir?
Hast du etwa Angst?
Traust du dich nicht?

__ *Jochen Hamm*

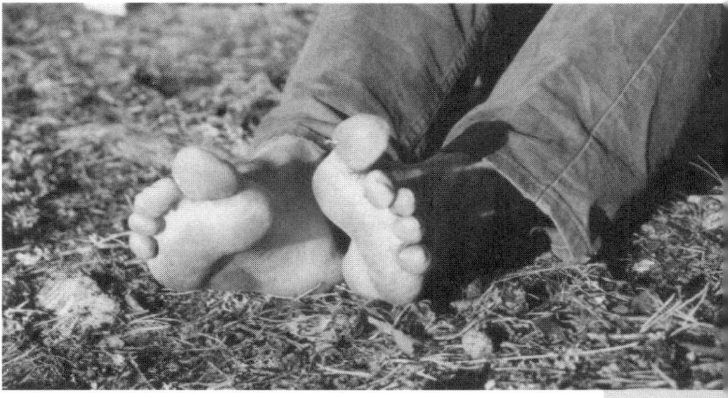

Am Anfang war das Wort

Wenn ich für dich singe,
dann sind es keine Lieder,
die zum Himmel jauchzen.
Wenn ich an dich denke,
sind es keine alten Bilder
einer vergangenen Zeit.
Wenn ich zu dir bete,
dann brauche ich keine Phrasen
einer Sonntagspredigt.

Am Anfang war das Wort,
und du gabst mir meine Worte.
Die will ich gebrauchen.

Weil du mich verstehst,
kann ich mit Überzeugung sagen:
„Gott ist geil!"

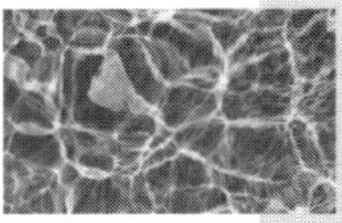

__ *Andreas Wanzke*

Lied

Alter Meister, ich schreib dir dieses Lied,
denn du bringst den *Frieden* in mein Krisengebiet.
Und trotz 'ner langen Leitung hab ich es oft erlebt,
dass, wenn du mal an mir Hand anlegst,
der Heilige Geist die Flammen legt.

In meiner Odyssee bist du der Sandstrand,
es hat weiß Gott lang gedauert, bis ich Land
fand, in einer Welt, in der die Norm Standard
ist und ich Babylons Filiale nebenan hab.

Ich weiß noch,
wie dein Geist über dem Meer schwebte,
ich weiß noch,
wie Adam und Eva deine Stimme hörten,
ich weiß noch,
wie dein Zorn die Sintflut war,
ich weiß noch,
wie dein Abkommen mit Noah war.

Ich weiß noch, dass Jesus Blut schwitzte,
als er im Garten Getsemani die Nacht hindurch
betete. Und als es *Tag* war und trotzdem dunkel

wurde, da schlug auf Golgata
die dunkle Stunde.

Ich kann vom Kreuz nicht schweigen,
wenn ich von deiner *Liebe* singe,
ich sitze hier und finde
mich zwischen Kriegen wieder.

__ *Bernd Rausch*

Jesus, segne meine Gedanken, damit sie das Gute denken; meine Worte, damit sie das Gute sagen; meine Hände und Füße, damit sie Gutes tun und gute Wege gehen.

SMS Prayer

Schenk mir Flügel

Es gibt Tage, da bin ich nur schwer zu verstehn,
ganz ehrlich kapier ich mich selber kaum.
Wo ich auch hinschau, ich kann nur Mauern sehn.
Ich will abhaun, will fliehn, viel zu eng ist der Raum.

Jesus, what would you do in my place?
Jesus, tell me your words, show me your face!
Jesus, show me the way to a new beginning,
help me believe, and against dark, I will succeed.

Es gibt Wege, die scheinen ins Dunkel zu führen,
ich seh keinen Sinn und weiß kein Ziel.
Tief im Innern kann ich nur Ohnmacht spüren,
Perspektiven sind weit, Zweifel lähmt mein Gefühl.

Jesus, what would you do in my place?
Jesus, tell me your words, show me your face!
Jesus, show me the way to a new beginning,
help me believe, and against dark, I will succeed.

Schenk mir Flügel und Kraft, wieder aufzustehen,
bin zu lang schon gefangen im eigenen Turm.
Lass dein Beispiel in mir wie Samen aufgehen,
vertreib meine Trägheit, entfache den Sturm.

Jesus, what would you do in my place?
Jesus, tell me your words, show me your face!
Jesus, show me the way to a new beginning,
help me believe, and against dark, I will succeed.

__ *Rita Grindl*

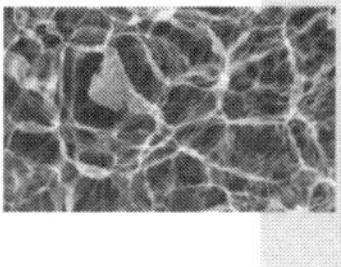

Wie Johannes

Wie Johannes will ich
ganz eng bei Jesus sein,
meinen Kopf an Jesu Schulter lehnen.

Wie Johannes will ich
von Jesus zärtlich in den Arm genommen werden,
mich fallen lassen dürfen.

Wie Johannes will ich
von Jesus bei der Hand genommen werden,
meine Hand vertrauensvoll in seine legen.

Wie Johannes will ich
Jesu Nähe spüren,
bei ihm ruhen,
getröstet,
gehalten,
geliebt.

Und Jesus?

Wie Johannes möchte
er auch mir geben
Nähe,
Schutz,
Geborgenheit,
Liebe.

Wie Johannes will ich
mich ihm hingeben,
aus ihm leben.

Bei Jesus weiß ich mich in den besten Händen.

__ *Meike Walch*

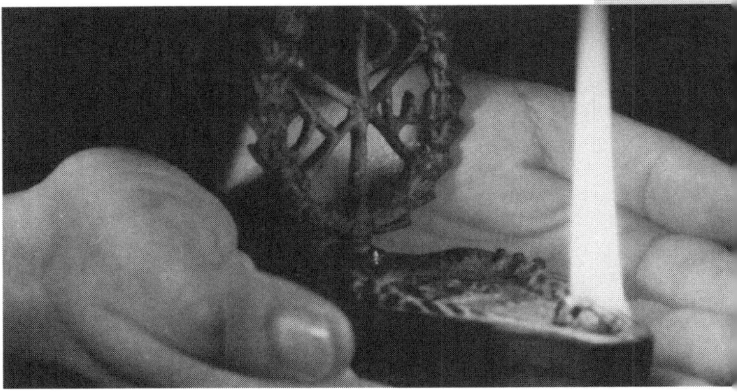

CREDO

Ich glaube Gott,
dass er mich gewollt hat, so wie ich bin,
dass er es gut mit mir meint.
Ich glaube,
dass Jesus unser Mit-Mensch geworden ist,
barmherzig und gerecht.
Ich glaube,
dass sein Heiliger Geist uns auch heute noch
etwas zu sagen hat.
Ich glaube Gott,
dass er sich mitfreut, wenn ich mich freue,
dass er mitweint, wenn ich weine,
dass er mitleidet, wenn ich leide,
dass er mein Leben in seinen liebenden Händen
hält,
dass er das Leben in Fülle für mich bereithält,
dass er immer für mich da ist, auch über den Tod
hinaus.

__ *Christian Döbbe*

Gebet

Reinige mein Herz,
dass ich ungeteilt liebe.
Reinige meine Gedanken,
dass ich nur Gutes denke.
Reinige meine Worte,
dass sie trösten und aufbauen,
wo Kummer ist.
Reinige meine Absichten,
dass sie nur Gutes wollen.
Reinige meine Taten,
dass sie Segen bringen.
Reinige mich ganz und gar, mein Jesus,
dass ich als Werkzeug
deiner Liebe würdig bin.

__ *Katja Hess*

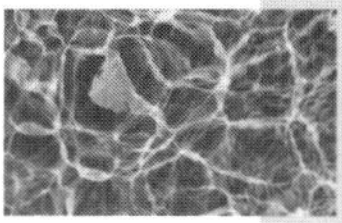

Jesus, manchmal kann mir der Kragen platzen und ich explodiere. Bewahre mich davor, unüberlegt und unbedacht zu reden und zu handeln.

SMS Prayer

Fünkchen Liebe

Ein *Fünkchen* Liebe deines Herzens genügt!
Die Flammen deiner unsagbar großen Liebe können ganze Völker, ganze Nationen entflammen.
Ein kleines *Fünkchen* Liebe deines Herzens genügt, einen Heiden zu bekehren.
Ein kleines *Fünkchen* Gnade deines Herzens genügt, Kranke zu heilen und Wunder geschehen zu lassen.

Jesus, ich bitte dich,
schenk mir ein kleines *Fünkchen* Liebe deines Herzens, lass mein kleines Feuer immer heller leuchten.

Jesus, ich liebe dich. Ich liebe dich mit diesem kleinen *Fünkchen* Liebe in mir,
das durch keine Macht der Welt gelöscht werden kann. Denn du bist da.

Jesus, voll Liebe und Freude schaust du auf das
Fünkchen in meinem Herzen, das du entfacht hast.
Du schützt es und bereicherst es
mit deiner großen Liebe.
Jesus, auf deine Liebe
vertraue ich!
Du bist der Herr
der Liebe, der
Barmherzigkeit
und Güte!

__ *Katja Hess*

Wie ein Fußballspiel

Jesus,
ich lege jetzt alles ab und komme zu dir,
wie ich bin.
Du nimmst dir *immer Zeit für mich*,
darüber kann ich nur staunen.
Wenn ich dich anschaue,
wird *alles andere ganz klein*.
Obwohl du *mir alle Freiheiten* lässt,
nimmst du mich doch gefangen
wie ein spannendes Fußballspiel.

Von so vielen Dingen *hast du mich befreit.*
Und auch wenn ich noch immer schwierig bin,
kommst du doch nie aus der Ruhe.
Du hast Geduld und *Liebe ohne Ende*.

__ *Bernd Rausch*

Sei bei uns alle Tage

Herr Jesus Christus,
du bist unser Freund, lass uns diesen Tag fröhlich
beginnen und segne uns auf unserem Weg.
Gib uns heute
Ruhe, wenn wir unruhig sind,
Kraft, wenn wir erschöpft sind,
Aufmerksamkeit,
wenn wir lernen.
Sei bei uns alle Tage!

_ *Susanne Elsterkamp*

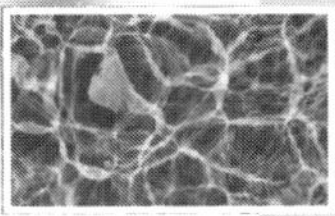

Und wenn alles verschwindet

Herr im Himmel!
Ich weiß, dass du mir in diesem Moment
dein Ohr leihst.

Ich will dich fragen,
warum Menschen Kriege führen,
warum immer Unschuldige Leid erfahren?

Ich will dich bitten,
dass du denen Halt gibst,
die vom Schicksal schwer getroffen sind,
von Krieg,
von Naturkatastrophen,
von Krankheit,
von Tod und Verlust.
Gib ihnen Halt
mit deiner unsterblichen Liebe.
Gib ihnen neue Hoffnung.

Im Dunkel des Hasses
entzünde du in uns eine Kerze
der Liebe und Hoffnung.

Ich bitte dich:
Lass auch uns eine neue Kerze
der Liebe und Hoffnung entzünden,
damit wir sie weitergeben an die Menschen,
die erfüllt sind von Verzweiflung und Hass.
Damit sie wieder leuchten
von neuer Hoffnung und Liebe.

__ *Anne Trompeter*

Anbetung und Lobpreis

Jesus, lass mein Leben so fest in dir Bestand haben, wie der Dom stark und mächtig **in Köln** auf festem Grund steht.

Jesus, schenke mir einen klaren Blick für das Wesentliche in meinem Leben, wie es die **heilige Ursula** hatte, die mit ihren Gefährtinnen, dich vor Augen, in den Tod gegangen ist. **Edith Stein**s Worte „Was auch immer kommen mag, ich bin auf alles gefasst. Jesus ist mitten unter uns“ sollen in meinem Herzen lebendig sein.

Jesus, du offenbarst dich in allen Situationen des Lebens. Bewahre mich vor Unwissenheit und schenke mir die Weisheit deines großen Dieners **Albert**. Hilf mir, die Wahrheit zu erkennen, und ermutige mich, das zu tun, was du mir sagst.

Wie **Adolf Kolping** lass mich den Armen und Schwachen helfen. Wie er möchte ich mit Taten

der Liebe meine Liebe zu dir zum Ausdruck bringen.

Jesus, deinem Stern folgend mache ich mich auf den Weg **nach Köln**. Erfülle mich mit deinem Heiligen Geist, damit ich dich anbete und lobpreise. Amen.

__ Sandra Blömer

Jesus, heute möchte ich aufräumen: in meinem Haus und in meinem Herzen, in meinem Zimmer und in meinem Geist, in meinen Plänen und in meinem Leben.

SMS Prayer

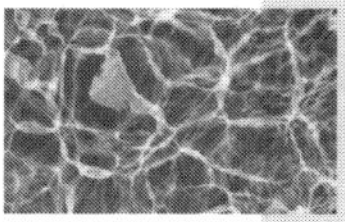

Jesus, gib mir die Freude am Leben, die Kraft zu helfen, den Mut zu verzeihen, die Zeit für die anderen, die Weite des Herzens und die Stärke der Liebe.

SMS Prayer

Du bist mein Stern

Herr,
du bist mein **Stern**,
und ich bin der Sterndeuter.
Der *Weg zu dir* ist schwer zu finden,
und ich komme oft davon ab,
doch du sorgst dafür,
dass ich ihn immer wiederfinde.

Oft laufe ich im Dunkeln
und finde den Weg des Glaubens nicht mehr.

Doch dann bist du da,
leuchtest hell und zeigst mir den Weg
zurück zum Glauben.

Hilf mir, dass ich diesen Weg des Glaubens
immer wiederfinde.
Amen.

__ *Sandra Scherer*

Gott, sei bei mir

Wenn ich mich einsam fühle,
wenn Traurigkeit mein Herz erfüllt,
dann sei du bei mir.
Wenn ich die Welt nicht mehr verstehe,
wenn mich niemand mehr versteht,
dann sei du bei mir.
Wenn die Wogen über mir zusammenschlagen,
wenn ich denke, es geht nicht mehr,
dann sei du bei mir.
Wenn ich mich im Alltag verliere,
wenn ich auf der Suche nach mir selber bin,
dann sei du bei mir.
Denn

du bist Weg und Ziel,
du bist die Hand,
die mich führt,
du bist Abba – mein Vater,
der mich in seinem Schoß
birgt.

__ *Sybille Burkert*

Wir sind gekommen, um ihn anzu**beten**

[Stichwort : Pray]

Der Glaube beginnt mit dem *Staunen*. Das Herz weitet sich. Es hat Gründe, die der Verstand nicht kennt, meint der französische Mathematiker Blaise Pascal.
Wer **betet**, denkt nicht zuerst an sich. Er gibt dem *Staunen* Raum: Mensch, Gott! Jesus! Toll! Groß bist du!
Ganz kurze Worte, die **betend** von Herzen hinausgestoßen werden. Meistens leise. Und manchmal auch laut. Allein und gemeinsam mit anderen.
Beten ist vor allem: An**beten**. Gott hat Liebe in mich hineingelegt. Er freut sich, wenn ich sie ihm an**betend** zurückgebe. Und mit seiner Kraft dann anfange, mit dieser Liebe etwas zu bewegen.

__ *Bruder Paulus Terwitte,* Kapuziner
Moderator SAT.1 und N24

Wir sind gekommen, um ihn anzubeten

Wir sind gekommen, um ihn anzubeten,
um Beweise dafür zu sammeln,
dass er da ist,
dass er über uns wacht,
dass er nicht zulässt,
dass Probleme unsere Seelen quälen.

Wir sind gekommen, um ihn anzubeten,
um Fragen zu stellen
über die Vergangenheit,
das Jetzt
und das Morgen.

Wir sind gekommen, um ihn anzubeten,
um eine Lösung für unsere Probleme zu finden,
um eine erdrückende Wahrheit preiszugeben,
um eine quälende Beichte loszuwerden.

Wir sind gekommen, um ihn anzubeten,
um etwas zu finden, das unendlich ist,
um etwas zu finden, das uns in der Not beisteht,
um stark zu sein für das, was kommt.

__ *Ina Erdmann*

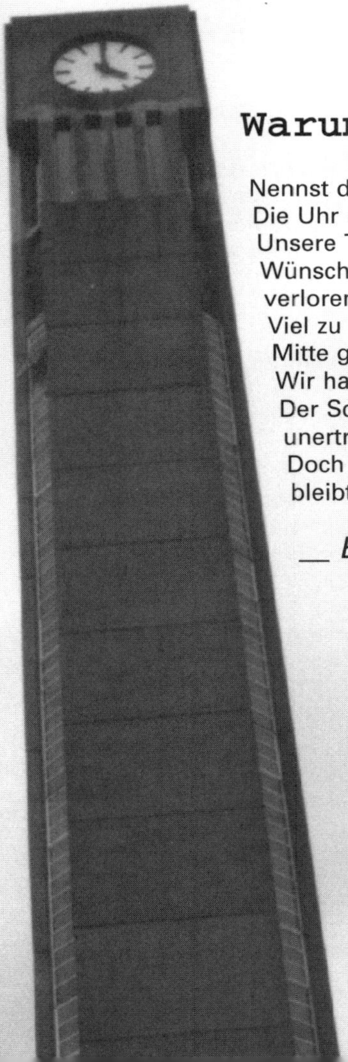

Warum?

Nennst du das Gerechtigkeit?
Die Uhr ist abgelaufen.
Unsere Träume und
Wünsche – an die Zeit
verloren.
Viel zu früh aus unserer
Mitte gerissen.
Wir hatten noch so viel vor.
Der Schmerz ist
unerträglich.
Doch die Erinnerung
bleibt ewig.

__ Elisabeth Richter

Aus der Tageszeitung

Zwischen den Zeilen,
die **schreien**,
die berichten
vom **Schrei** der vergewaltigten Frauen in Bosnien,
vom **Schrei** der verhungernden Kinder in Afrika,
vom **Schrei** der verzweifelten Mutter
nach dem Unfall vor dem Grab ihres Sohnes,
zwischen den Zeilen,
die **schreien**,
schreist du,
dringt dein **Kreuzesschrei** an mein Ohr.

Zwischen den Zeilen,
die **schreien**,
die berichten
vom **Schrei** des missbrauchten Kindes,
vom **Schrei** des verzweifelten Arbeitslosen,
vom **Schrei** des verängstigten Fremden,
zwischen den Zeilen,
die **schreien**,

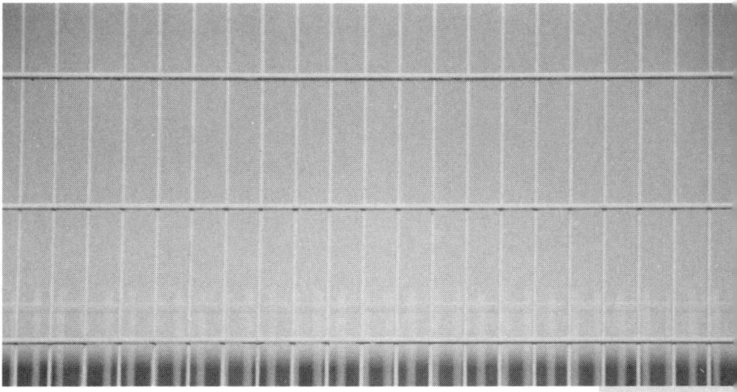

schreist du
den **Schrei** der Missbrauchten,
den **Schrei** der Sterbenden,
den **Schrei** der Verzweifelten,
den **Schrei** der Entrechteten.
Dein **Kreuzesschrei**.

Tausend Schreie in deinem Schrei,
zwischen den Zeilen
jeden Tag neu,
in den Spalten meiner Zeitung,
die offen liegt auf dem Frühstückstisch.

__ *Fredi Bernatz*

Leben in friedlicher Gemeinschaft

Friede – für viele nur ein Wort.
Friede – nur ein Gedanke, gleich wieder fort.
Um Selbstbestätigung zu kriegen,
lässt man andre gern links liegen.
Um sich in Sorglosigkeit zu hüllen,
lässt man andre gern die Kälte fühlen.
Doch um in einer Gemeinschaft zu leben,
muss man bereit sein zu helfen und zu geben.
Lasst uns versuchen, tolerant zu sein
und uns gemeinsam am *Frieden* zu freu'n.

__ Schülerinnen der 9. Klasse, Realschule Kemnath

Herr, sei gepriesen für meine Uhr. Sie gibt mir die Zeit an und hilft, Ordnung zu halten. Sie erinnert an die Kostbarkeit jeden Augenblicks.

SMS Prayer

Trotzdem

Mein Gott! Mein Gott!
Ich kann dich nicht sehen,
doch ich glaube an dich.
Manchmal sehe ich nicht,
dass du mir hilfst,
doch ich glaube an dich.
Oft verstehe ich
deine Wege nicht,
doch ich glaube
an dich.

__ Elisabeth Richter

Gott schenke dir ein helles Lachen. Er gebe dir ein frohes und weites Herz. Er erfülle dich mit Freude und mit unerschütterlicher Hoffnung.

SMS Prayer

Jemand

Manchmal habe ich das Gefühl,
dass mir einfach alles misslingt.
Dann *brauche ich* **jemanden**,
der mir wieder Vertrauen in mein Tun schenkt.

Manchmal fühle ich mich
von allen ausgestoßen.
Dann *brauche ich* **jemanden**,
der zu mir hält.

Manchmal kann ich
mich selbst nicht leiden.
Dann *brauche ich* **jemanden**,
der mir zeigt, wie liebenswürdig ich bin.

Manchmal fühle ich mich
von allen missverstanden.
Dann *brauche ich* **jemanden**,
der mir sagt, dass er mich versteht.

Manchmal glaube ich,
in ein Loch ohne Boden zu fallen.
Dann *brauche ich* **jemanden**,
der mich auffängt.

Manchmal fühle ich mich
ganz allein.
Dann *brauche ich* **jemanden**,
der mich fest in den Arm nimmt.

Manchmal habe ich das Gefühl,
nicht zu wissen, wie es weitergehen soll.
Dann *brauche ich* **jemanden**,
der mich bei meinen Entscheidungen unterstützt
und mir den Weg zeigt.

Bitte, guter Gott, **sei du dieser jemand**.

*__ Kolpingjugend Diözesan-
verband Hildesheim*

Daheim bei 1 Korinther 13

Kürzlich haben
nach einem echt langweiligen Tag
der Glaube, die Hoffnung und die *Liebe*
noch auf dem Sofa rumgehangen.

Ich glaub, ich geh ins Bett,
sagte der Glaube.
Kommt nix mehr im Fernsehen?,
fragte die Hoffnung.

Ich geh mir nur noch eben schnell
ein Päckchen Kippen zieh'n,
sagte die *Liebe*
und warf sich den Mantel über.
Denn es war schon November geworden.

Es war kein Bier mehr im Haus.
Und auch sonst im Kühlschrank
gähnende Leere.
Und im Fernsehen gab's nur Mist.

Aber das hatte die Hoffnung
schon gewusst und sagte:
Ich schau bloß noch Nachrichten,
dann komme ich auch ins Bett.

Ist okay, sagte der Glaube, aber seltsam,
als er beim Zähneputzen
in den Spiegel sah
und darin hinter sich die Uhr:
Sag mal, wo bleibt die *Liebe* nur?

__ *Christian Linker*

Beten

Manchmal bete ich *in Gedanken*
beim Abspülen vom Mittagessen.

Manchmal bete ich *beim Walken,*
wenn ich in den Himmel schaue.

Manchmal bete ich *in der Badewanne*
für mehr Spaß bei allem Alltäglichen.

Manchmal bete ich *bei den Pfadfindern,*
dass sich mein Traum von der
Pfadfinderei festhalten lässt.

Manchmal bete ich *in der Kirche*
für das Leben – mit allem,
was dazugehört.

Manchmal bete ich *bei der Arbeit,*
dass ich an diesen verletzten
Jugendlichen nicht zerbreche.

Manchmal bete ich *aus Gewohnheit,*
damit ich nicht vergesse,
dass alles ein Geschenk ist.

Manchmal bete ich gegen meine Zweifel an,
die viel größer sind als mein Glaube.

__ *Sonja Weber-Graf*

Unruhe

Abba,
was ist es,
das mich umtreibt von Minute zu Minute?

Was ist es,
das mich unruhig macht und rastlos?

Warum suche ich – und suche nicht bei dir?

__ *Bianca Bannuscher*

Zu dir

Vater im Himmel,
ich komme zu dir.
Mit meinen Ängsten und Zweifeln.
An einem Tag wie diesem fühle ich mich überfordert.
Von den Menschen und von dir.
Dann habe ich das Gefühl, all den Ansprüchen
nicht gerecht werden zu können.

Ich stehe hilflos da und weiß nicht weiter.
Vater, sei in diesen Momenten bei mir.
Stärke mein Vertrauen in die Talente,
die du mir geschenkt hast. Mit ihnen kann
ich doch voll Freude arbeiten.
Erinnere mich auch daran, dass du mich
liebst.
Deswegen sind **deine Ansprüche an mich nie so groß, dass ich sie nicht erfüllen könnte.**
Schenke mir Freude an den Herausforderungen
des Lebens.
Dann kann ich deine Gegenwart spüren.

__ Kerstin Berretz

Ankommen

Gott
bis ich ankomme bei mir
bis du ankommst bei mir
Gott
das kann dauern
wenn meine gedanken und
gefühle umherschwirren
Gott
wenn die unruhe vergangener tage
mich gefangen hält
die seele nicht nachkommt
Gott
wenn das so ist
dann sammle mich in deinem Schweigen
Gott
dein Schweigen
tut gut

__ *Franz Reitinger*

Es ist Zeit

Es ist Zeit,
jetzt am Abend innezuhalten.
Es ist Zeit,
zurückzuschauen auf den Tag,
auf deinen Tag,
auf dich
und die, die mit dir waren
an diesem Tag.

Mit wem hast du gefrühstückt?
Mit wem hast du gearbeitet?
Mit wem hast du geredet?
Mit wem bist du ein Stück gegangen?
Mit wem beendest du diesen Tag?
Wem bist du begegnet?
An wen hast du gedacht?

Es ist Zeit,
die Zeit kurz anzuhalten
und auf den Tag zu schauen,
auf Freude, Stress und Trauer,
auf kleine Momente des Glücks.

Ein Tag
wie alle anderen.

Und irgendwo darin
hat einer nach dir geschaut.
Einfach so.

_ *Simone Eckenroth*

Vater, du hast mich in
deine Hand geschrieben.
Du siehst mich und hörst,
wenn ich zu dir rufe. Du
bist mir Halt und Sicher-
heit auf allen Wegen.

SMS Prayer

Ich brauche dich – oder 10 gute Gründe, an Gott zu glauben

Ich brauche dich …

… um dir **Dank** sagen zu können für all die wichtigen Ereignisse und Menschen in meinem Leben.
… um dir sagen zu können, welches **Glück** ich mit meinem Mann habe.
… um dich um **Mut** zu bitten, damit ich meinen Weg gehen kann.
… um **Kraft** zu schöpfen, wenn ich mich ausgelaugt fühle.
… um **Ruhe** zu finden, wenn Hektik mich zu überrollen droht.
… um bei dir **Hoffnung** zu fühlen, wenn das Thema Tod mich nah berührt.
… um meinen kindlichen **Glauben** vom Himmel behalten zu können.
… um die **Gewissheit** zu haben, dass ich nie allein bin.
… um dich um deinen Beistand zu bitten, wenn ich Dinge nicht bewältigen kann.
… um täglich mit dir zu reden.

Es ist gut, dass es dich gibt – bleib bei mir!

__ *Bettina Molter*

Herr, öffne mich

Herr, öffne meine Lippen,
dass ich dich verkünde!

Herr, öffne meine Augen,
dass ich dich erkenne!

Herr, öffne meine Gedanken
am Morgen, dass sie dir gehören!

Herr, öffne meine Hände,
dass ich helfe, wo Hilfe gebraucht wird!

Herr, öffne meine Ohren,
dass ich dich höre!

Herr, öffne mein Herz,
damit es immer dir gehört!

__ *Sandra Kremer*

Jedem das Seine

Dem *Fremden* einen Willkommensgruß.
Dem *Gegner* eine Hand zur Versöhnung.
Dem *Freund* eine liebevolle Umarmung.
Dem *Nachbarn* einen freundlichen Gruß.
Dem *Gast* eine offene Tür.
Der *Zeit* eine freie Minute.
Der *Gesundheit* Aufmerksamkeit.
Dem *Körper* behagliche Ruhe.
Dem *Geist* einen Raum zur Entspannung.
Dem *Tag* einen nachsinnenden Blick.
Dir, meinem Schöpfer,
Dank für deine Gegenwart und
Dank für deine Liebe.

__ Andreas Wilinski

Im Wind

Ich stehe im Wind
Was willst du mir sagen?
Ich stehe im Wind
Willst du mich tragen?
Wohin?
Ich stehe
Ich höre
Ich schaue
Er erzählt
vom Schöpfer
des Himmels und der Erde
Ich will nur noch hören
ein Windhauch im Sturm werden
Ich will für immer
im Wind sein

__ *Stefanie Glocke*

Um Frieden beten

Um Frieden beten.
Lässt vielleicht keine Waffen ruhen.
Hebt vielleicht keinen Schießbefehl auf.

Um Frieden beten.
Stoppt vielleicht nicht den Truppenaufmarsch.
Mindert vielleicht nicht den Rüstungshaushalt.

Um Frieden beten.
Trocknet vielleicht keine Tränen der Opfer.
Rettet vielleicht keine Verwundeten.

Um Frieden beten.
Bringt vielleicht keine verlorene Heimat zurück.
Wandelt vielleicht Hass nicht in Versöhnung.

Es ist vielleicht das Einzige,
was ich tun kann:
Um Frieden beten.

__ *Marcus C. Leitschuh*

domspitzen

erhaben zum Himmel
überragen die spitzen
des doms die stadt
stummes gebet
dass es *größeres*
als die stadt
für menschen gibt.

lautlos in mir
und doch unüberhörbar
ein gefühl
stummes gebet
dass *groß*
was mein glaube
in mir empfindet.

__ *klaus*
vellguth

Ministrantengebet

Lieber Gott,
du hast uns zum *Dienst* am Altar gerufen. Es ist ein Dienst der ganz besonderen Art. Viele von uns übernehmen das erste Mal in ihrem Leben Verantwortung, sie lernen zuzuhören und zu beten. Wir hören vieles aus der Heiligen Schrift. Vieles können wir begreifen, in manchem aber erkennen wir keinen Sinn – wir verstehen es nicht.
Hilf du uns, den Glauben besser zu verstehen.

Du, Herr, bist in ganz besonderer Weise mitten unter uns, und wir können dich auch in einer ganz einmaligen Möglichkeit, in der heiligen **Kommunion**, empfangen. Manchmal sind wir nicht ganz aufmerksam und können nicht mit ganzem Herzen mitbeten, besonders bei der Gabenbereitung und der Wandlung. Durch unsere Aufgaben als Ministranten sind wir abgelenkt, und wir müssen uns auf „dienstliche" Dinge konzentrieren. Lass aber unseren Dienst wie ein besonderes Gebet zu deiner Ehre sein.

Wir sind eine sehr kleine Gruppe von Ministranten. Wir bitten dich, *berufe viele* junge Menschen in deinen Dienst. Es ist schlimm, dass viele Familien der heutigen Zeit nicht mehr an dich glauben. Wie sollen sie dann ihren Kindern den Sinn des Lebens erklären? So bitten wir dich für unsere Eltern. Gib ihnen die Gnade, an das ewige Leben zu glauben und diesen Glauben an ihre Kinder weitergeben zu können.
Lass uns in unserem Leben nie den Glauben verlieren, denn wo kein Glaube ist, da sind auch weder Hoffnung noch Liebe.
Schenke der ganzen Welt deinen Frieden.

__ *Norbert Steinacher*

Gegenwart

Da bin ich, Herr!

Aber viel mehr als mein bloßes Da-Sein habe ich dir nicht zu bieten. Mir fehlen die tiefen Gedanken, die großen Worte, die frommen Gefühle …
Darf ich auch so bei dir sein?
Einfach so, wie ich bin?

Ja, denn ich weiß: Du verlangst weder meine Erkenntnisse noch meine wohlgeformten Worte. **Du hast es auf mein Herz abgesehen.** Mit meinem Verstand kann ich dich nicht erreichen, wohl aber mit meiner Liebe.
Das ist wunderbar!

So kann ich mein Beten entlasten. Es darf ganz einfach und schlicht werden. Vor dir brauche ich nichts zu leisten, ich muss mich nicht anstrengen. Ich *lasse* mich los – und über*lasse* mich dir.

Und ich ahne,
dass du mir sagen willst:
Lass dich in mich *hineinfallen*
wie ein Tropfen Wasser ins Meer.

__ Schwester M. Franziska

Gott zeige dir die Schönheit des Lebens, die Tiefe der Wahrheit, die Weite des Glaubens, die Kraft der Hoffnung und die Möglichkeiten deines Lebens.

SMS Prayer

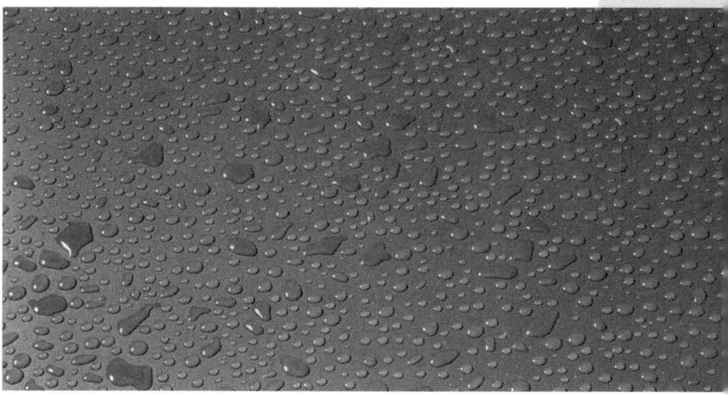

Morgengebet zu meinem Engel

Engel Gottes, mein Beschützer,
dir hat Gott mich **anvertraut**.
Führe mich heute durch den Tag,
damit ich in der Vielfalt von Meinungen und
Eindrücken den **Willen Gottes** erkenne und lebe.
Hilf mir, in der **Liebe** Gottes zu leben,
die alle Menschen umfasst, in seiner Liebe und
Barmherzigkeit. Dann kann ich meinen
Mitmenschen offen und ehrlich *begegnen*.
Im Namen des Vaters und des Sohnes und des
Heiligen Geistes. Amen.

__ *Tobias Rauch*

Komm, Heiliger Geist

Heiliger Geist,
komm in unsere Herzen und entzünde in uns die Sehnsucht, wie die Heiligen Drei Könige Jesus Christus zu suchen und zu finden.

Heiliger Geist,
werde in mir zu einer sprudelnden Quelle des Lebens und der Begeisterung für ein Leben in und mit Christus.

Heiliger Geist,
lass in unseren Kirchen den frischen Atem deiner Gegenwart wehen!
Bete du in mir,
singe du in mir,
denke du in mir
und beflügle du meine Taten.

__ *Nadja Schmidt*

Gedanken

Nachdenken über verflossene Zeit.
Nachdenken über jede Gelegenheit.
Nachdenken über Gesten und Worte.
Nachdenken über Plätze und Orte.

Nachdenken über Sünde und Schuld.
Nachdenken über Güte und Ungeduld.
Nachdenken über Ziele und Räume.
Nachdenken über Pflichten und Träume.
Nachdenken über Heimat und Welt.
Nachdenken über dich, Gott, der mich hält.

*Um*denken aus dem Streit der vergangenen Stunden.
*Um*denken zur Versöhnung, dem Frieden verbunden.
*Um*denken aus Gesetzen der Unmenschlichkeit.
*Um*denken mit Blick auf Verbundenheit.
*Um*denken von allem, was Hoffnung erschlägt.
*Um*denken zu dir, meinem Gott, der mich trägt.

__ *Andreas Wilinski*

gebet im stillen

ich?
ich bete?
ich bete im stillen?
ich bete im stillen für?
ich bete im stillen für mich?
ich bete im stillen für mich allein?

allein bete ich im stillen für mich?
allein bete ich im stillen für?
allein bete ich im stillen?
allein bete ich?
allein bete?
allein?

bete ich allein?

__ *Heinrich Mainka*

Morgengebet in der Kirche

Guten Morgen, Gott! Ich lasse den heutigen Tag hier in der *Stille* der Kirche in mich ein, hier bei dir. Ich danke dir für die Ruhe der Nacht und die Träume, die in meiner Seele aufgestiegen sind und mir **neue Kräfte** und Hoffnungen zufließen lassen.
Ich danke dir, dass ich bin und dass deine **Sonne** heute wieder am Himmel und in mir aufgeht. Und so wünsche ich mir, diesem Tag mit allen seinen Anforderungen und Begegnungen *erwartungsvoll* und freudig entgegenblicken zu können. Ich hoffe, dass sich mein Geist für dich öffnet wie ein Baum, der sich aufrichtet und **zum Himmel** streckt. Ich wünsche mir Menschen, mit denen ich meinen Jubel über deine Nähe teilen kann. Und Menschen, die ich mit dieser Freude anstecken und für dich begeistern kann. Ich bitte dich um deinen Schutz und Segen. Amen.

__ *Hella Sodies*

Segensgebet

Guter Gott,
segne meine *Zeit,*
segne meinen *Augenblick,*
segne meine *Sehnsucht nach Leben,*
segne mein *Innehalten* und meinen *Aufbruch,*
segne meine *Lebensspur,*
in der sich meine Stunden und Tage abbilden.
So segne mich, gütiger Gott,
Vater, Sohn und Heiliger Geist. Amen.

__ *Joachim Kittel*

Beten

Gott,
...
da bin ich nun und will beten.
...
Aber wie?!?
...
Ok – ich probier's mal.
„Vater unser im Himmel ..."
O Gott, das klingt so gestelzt!
...
Vielleicht anders:
„..."
Mir fällt kein anderes Gebet ein!
...
Mein Gott, ich kann nicht beten,
aber bin ich dann überhaupt Christ? –
Bloß nichts anmerken lassen.
...
Aber irgendwie *möchte* ich doch,
dass Gott einen Platz in meinem Leben hat,
möchte ich ihm mein Leben zeigen.
Ich will, dass er in mein Leben
eintritt ... – aber wie sag ich's ihm?

Wie kann ich ihm sagen,
was heute los war,
was alles in der Schule,
am Arbeitsplatz geschehen ist?

Wie kann ich ihm mitteilen,
dass ich Stress mit meinen Eltern und
meinen Freunden habe?

Wie sagen, dass ich mein Leben ändern
möchte und dass ich seine Hilfe eigentlich
bitter nötig habe?

Wie mach ich ihm klar, dass mir der Mut fehlt,
eine feste Beziehung zu leben?

Wie zeig ich ihm, dass ich gar nicht so bin,
wie es den Anschein hat?

Wie mach ich ihm deutlich,
dass ich manchmal
vor Angst vergehe und
lieber nicht wissen will,
was der nächste Tag bringt?

Wie sag ich's ihm bloß?
Oder – weiß er es schon?
Hab ich vielleicht
gerade gebetet?

__ *Alexander Rudolf*

Es segne und behüte dich der Vater, der die Welt erschaffen hat, der Sohn, der die Liebe in die Welt gebracht hat, und der Heilige Geist, der uns den richtigen Weg zeigt.

SMS Prayer

Ein Sonnenstrahl

Grell, durchdringend **hell**
in aller *Trostlosigkeit*, in allem *Frust*
strahlt ein heller Schein, die Sonne, mir ins Herz.
Ein Wunder, das du wirken lässt.
Fast nebenbei.
Ein **Sonnenstrahl**.

__ *Steffen Flicker*

Gerüst des Glaubens

Herr, das Gerüst des Glaubens ist ins *Wanken* geraten. Es wackelt bedenklich. Erschüttert durch Not und Leid, durch Krieg und Schmerz zweifeln Menschen am Glauben. Hilf mir, auf meine Weise dazu beizutragen, dass die Zweifel **besiegt** werden können. Hilf mir, auch das wankende Gerüst zu besteigen und deinen Glauben zu leben.

__ Peter Geilmann

Vater im Himmel, an jedem Ort und zu jeder Zeit bist du bei mir. DU kennst mein Lachen und zählst jede Träne. In dir bin ich geborgen für immer.

SMS Prayer

Christliche Grundgebete

Kreuzzeichen

Im Namen des Vaters
und des Sohnes
und des Heiligen Geistes.
Amen.

Der kleine Lobpreis

Ehre sei dem Vater
und dem Sohn
und dem Heiligen Geist.
Wie im Anfang,
so auch jetzt
und alle Zeit
und in Ewigkeit.
Amen.

Vaterunser

Vater unser im Himmel,
geheiligt werde dein Name.

Dein Reich komme.

Dein Wille geschehe,
wie im Himmel so auf Erden.

Unser tägliches Brot gib uns heute.

Und vergib uns unsere Schuld,
wie auch wir vergeben unsern Schuldigern.

Und führe uns nicht in Versuchung,
sondern erlöse uns von dem Bösen.

Denn dein ist das Reich und die Kraft
und die Herrlichkeit in Ewigkeit. Amen.

Gegrüßet seist du, Maria

Gegrüßet seist du, Maria,
voll der Gnade, der Herr ist mit dir.
Du bist gebenedeit unter den Frauen,
und gebenedeit ist die Frucht deines Leibes,
Jesus.
Heilige Maria, Mutter Gottes,
bitte für uns Sünder
jetzt und in der Stunde unseres Todes.
Amen.

Apostolisches Glaubensbekenntnis

Ich glaube an Gott,
den Vater, den Allmächtigen,
den Schöpfer des Himmels und der Erde,
und an Jesus Christus,
seinen eingeborenen Sohn,
unsern Herrn,
empfangen durch den Heiligen Geist,
geboren von der Jungfrau Maria,
gelitten unter Pontius Pilatus,
gekreuzigt, gestorben und begraben,
hinabgestiegen in das Reich des Todes,
am dritten Tage auferstanden von den Toten,
aufgefahren in den Himmel,
er sitzt zur Rechten Gottes, des allmächtigen Vaters;
von dort wird er kommen,
zu richten die Lebenden und die Toten.

Ich glaube an den Heiligen Geist,
die heilige katholische Kirche,
Gemeinschaft der Heiligen,
Vergebung der Sünden,
Auferstehung der Toten
und das ewige Leben.
Amen.

Das Rosenkranzgebet

In allen Religionen gibt es Wiederholungsgebete. Eine Schnur mit Knoten oder Perlen hilft beim Zählen der Gebete und fördert die Konzentration.

Im vierten Jahrhundert soll der nordafrikanische Eremit Paulus zum Abzählen der Gebete 300 kleine Steinchen bei sich getragen haben. Seit 1260 sind in Paris „Vater-unser-Macher" bekannt; sie stellen Gebetsschnüre her. Zu dieser Zeit gewinnt das Ave-Maria-Gebet an Popularität. 1409 formt ein Trierer Kartäusermönch aus der franziskanischen „Leben-Jesu-Mystik" 50 Gebetssätzchen, Vorläufer der heutigen „Gesätze". Mit ihnen flechten die Betenden der Mutter Jesu einen geistlichen Rosenkranz; sie sagen ihr: Wir wollen der „Frucht deines Leibes, Jesus" näher kommen.

Beginne mit dem Kreuzzeichen (S. 131) und dem Glaubensbekenntnis (S. 134) (nimm dazu das Kreuz in die Hand). Dann bete: „Ehre sei dem Vater …" (S. 131).

Es folgt das „Vaterunser" (S. 132) (nimm die erste große Perle in die Finger).

Jetzt setze das Gebet fort mit drei „Gegrüßet-seist-du-Maria" (S. 133) (nimm die erste, zweite und dritte kleine Perle); dabei füge ein:

- beim ersten „Ave-Maria":
  „Jesus, der in uns den Glauben vermehre"
- beim zweiten „Ave-Maria":
  „Jesus, der in uns die Hoffnung stärke"
- beim dritten „Ave-Maria":
  „Jesus, der in uns die Liebe entzünde"

Anschließend bete: „Ehre sei dem Vater …"

Beginne das erste „Gesätz" mit dem „Vaterunser" (nimm die zweite große Perle nach dem Kreuz).

Danach kommen zehn „Gegrüßet-seist-du-Maria" (erste bis zehnte kleine Perle). Füge dabei immer das erste Geheimnis ein:

- „… deines Leibes, Jesus, der von Johannes getauft worden ist. – Heilige Maria, Mutter Gottes …"

Nach der zehnten Perle bete: „Ehre sei dem Vater …“

Es folgt das zweite, dritte, vierte und fünfte Gesätz des Rosenkranzes:

Die lichtreichen Geheimnisse:

- Jesus, der von Johannes getauft worden ist
- Jesus, der sich bei der Hochzeit in Kana offenbart hat
- Jesus, der uns das Reich Gottes verkündet hat
- Jesus, der auf dem Berg verklärt worden ist
- Jesus, der uns die Eucharistie geschenkt hat

Engel des Herrn

V Der Engel des Herrn brachte Maria die Botschaft.

A Und sie empfing vom Heiligen Geist.
Gegrüßet seist du, Maria …

V Maria sprach: Siehe,
ich bin die Magd des Herrn.

A Mir geschehe nach deinem Wort.
Gegrüßet seist du, Maria …

V Und das Wort ist Fleisch geworden

A und hat unter uns gewohnt.
Gegrüßet seist du, Maria …

V Bitte für uns, heilige Gottesmutter,

A dass wir würdig werden der Verheißung Christi.

V Lasset uns beten. – Allmächtiger Gott, gieße deine Gnade in unsere Herzen ein. Durch die Botschaft des Engels haben wir die Menschwerdung Christi, deines Sohnes, erkannt. Lass uns durch sein Leiden und Kreuz zur Herrlichkeit der Auferstehung gelangen.
Darum bitten wir durch Christus, unseren Herrn.

A Amen.

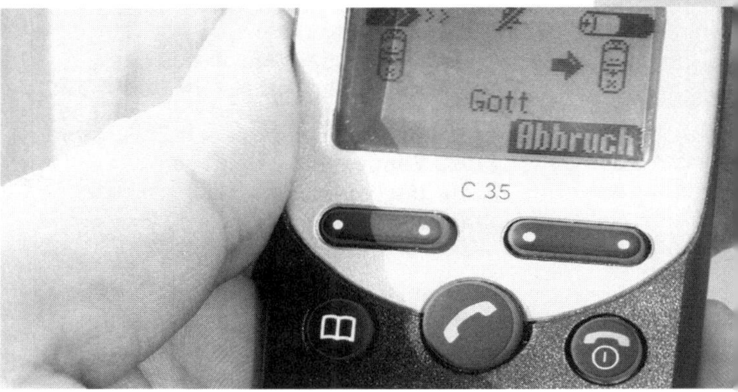

Gebet in der Vorbereitung auf den Weltjugendtag 2005 in Deutschland

Herr Jesus Christus,
Erlöser der Welt, du bist Mensch geworden,
um uns das Leben in Fülle zu schenken.
Du bleibst in deiner Kirche bei uns bis zum Ende
der Zeit. Dann wird sich dein Reich vollenden:
der neue Himmel und die neue Erde voll Liebe,
Gerechtigkeit und Frieden.
Darauf hoffen wir, darauf bauen wir,
dafür danken wir dir.

Wir bitten dich:
Segne die jungen Menschen
auf der ganzen Welt.
Zeige dich denen,
die auf der Suche nach dir sind.
Rüttle die auf, die nicht an dich glauben,
und stärke den Glauben derer,
die sich zu dir bekennen.
Lass sie wie die drei Weisen aus dem
Morgenland immer neu aufbrechen zu dir.

Mache sie zu Baumeistern einer neuen Zivilisation
der Liebe und zu Zeuginnen und Zeugen
der Hoffnung für die ganze Welt.
Sei auch durch sie all denen nah,
die Hunger, Krieg und Gewalt erleiden.

Erfülle mit deinem Heiligen Geist alle, die an der
Vorbereitung des Weltjugendtags 2005 mitwirken.
Lass sie sich mit der Kraft ihres Glaubens und
ihrer Liebe in den Dienst deines Reiches stellen

und ihre Schwestern und Brüder aus der ganzen Welt mit offenem Herzen empfangen.

Du hast uns Maria zur Mutter gegeben.
Auf ihre Fürsprache lass den Weltjugendtag zu einem Fest des Glaubens werden.
Schenk in diesen Tagen deiner Kirche neue Kraft, damit sie in der Welt glaubwürdig Zeugnis ablegt für dich.

Darum bitten wir dich, unseren Herrn und Gott, der du mit dem Vater und dem Heiligen Geist lebst und herrschst in alle Ewigkeit.
Amen.

Pfadfindergebet

Herr Jesus Christus!
Du hast gesagt: Seid bereit!
Dieses Wort ist mein Wahlspruch.

Allzeit bereit will ich sein
und nach deinem Beispiel handeln:
wahr im Reden,
verlässlich im Tun.
Zu deiner Kirche will ich halten
und allen Menschen Bruder sein:
bereit zum Verzeihen,
selbstlos im Helfen,
geduldig, wenn es schwierig wird.

Zeige mir meinen Weg
und begleite mich auf dem Pfad,
der zum Leben führt.
Dir will ich folgen und mein Bestes tun.
Hilf mir dabei und segne mich.
Amen.

Quellennachweise

Bildnachweis

Seite 12 u. a. (kleine Abbildung): Christiane Mettler
Seite 13, 15, 39, 49, 53, 57, 61, 69, 71, 91, 121, 141: Lothar Nahler
Seite 19, 25, 27, 51, 79, 123 sowie Seite 41 u. a. (kleine Abbildung): privat
Seite 21, 33, 41, 43, 47, 101, 111, 117, 133, 139 sowie Seite 101 u. a. (kleine Abbildung): Christoph Klemp
Seite 23, 29, 59, 77, 87, 97, 99, 127, 137 sowie kleine Abbildungen Seite 17, 43, 95 u. a.: Jörg Rose
Seite 31, 35, 55, 63, 67, 73, 75, 83, 85, 89, 95, 113 sowie kleine Abbildungen Seite 8, 14 u. a.: Anna Salmen-Legler
Seite 103, 109 sowie Seite 16 u. a. (kleine Abbildung): Sr. Ursula Bittner
Seite 115: Klaus Vellguth
Seite 125 sowie kleine Abbildungen Seite 11, 19 u. a.: Patrizia Förtsch

Textnachweis

Die „SMS-Prayer“ wurden geschrieben von Schülerinnen und Schülern der Klassen 6–10 der Otfried-Preußler-Schule Oberhausen unter ihrer Lehrerin Silvia Heldt.